EDITORIAL
UNILIT

El librito de instrucciones de Dios II

Más sabiduría inspirativa para una vida feliz y realizada.

HONOR
BOOKS

Disponible en inglés en Access Sales International (ASI)
2448 E. 81st Street, Ste. 4705, Tulsa, OK 74137 USA.

Publicado por Editorial **Unilit**
Miami, Fl. 33172
© 1997 Derechos reservados

Primera edición 1997

Publicado en inglés con el título: *God's Little Instruction Book II*
© 1994 por Honor Books, Inc. Tulsa, Oklahoma 74155
Se necesita permiso escrito de los editores, para la reproducción de porciones del libro,
excepto para citas breves en artículos de análisis crítico.

Traducido al español por: Marlon Soto
Citas bíblicas tomadas de "Biblia de las Américas"
© 1986 The Lockman Foundation
Usada con permiso.

Producto 498347
ISBN 0-7899-0369-5
Impreso en Colombia
Printed in Colombia

Reconocimientos

Oliver Wendell Holmes (8,137), Booker T. Washington (9), Ken S. Keyes, Jr. (10), Arnold H. Glasow (11,67,150), Mort Walker (12), Freeman (14), Ralph Waldo Emerson (16,65), Doug Larson (17,148), Peter Drucker (18), Richard Exley (19), J. Hudson Taylor (20), Morris Bender (22), Bernard Baruch (23), Norman Vincent Peale (24), Alistair Cooke (26), Larry Eisenberg (27), O. A. Battista (28), Charles Dickens (29), Charles Farr (32), Mark Twain (34,55,100), Elmer G. Letterman (36), C. Everett Koop (37), James Russell Lowell (38), Will Rogers (39), Robert Orben (41,63), John Buchan, Lord Tweedsmuir (43), Bern Williams (44), John Newton (45), Mark Steele (46), Hannah Moore (47), Winston Churchill (48), Michael LeBoeuf (49,54), John Locke (52), Boris Yeltsin (53), Waterloo (58), Alphonse Karr (62), Amos J. Farver (66), Olin Miller (70), Joseph P. Dooley (73), Andrew Carnegie (74), Dwight D. Eisenhower (76), Henry Ford (78), Thomas Chandler Haliburton (81), Leo Buscaglia (82), Margaret Thatcher (83), June Henderson (85), Dr. Jon Olson (86), Albert J. Nimeth (88), Jeremy Taylor (89), Josh Billings (90), Publilius Syrus (91), Grace Williams (92), Cardinal Francis J. Spellman (94)

P.T. Barnum (96), Mother Teresa (97), Rev. Larry Lorenzoni (99), Winston Churchill (103), Thomas Paine (104), James Howell (105), R.W. Emerson (106), Henry Ward Beecher (109), Charles Spurgeon (110,115,133), E.C. McKenzei (111), Anne Bradsteet (113), Dante Gabriel Rossetti (116), Thomas Jefferson (119), George W. Ford (121), Molly Ivins (122), Motley (123), Jim Elliot (124), Jim Patrick (125), Doug Larson (126), Elton Trueblood (127), Lawrence J. Peter (128), Mary Kay Ash (130), Tillotson (132), Billy Graham (134), James S. Sinclair (136), Ivern Ball (141), Parkes Robinson (142), C.L. Wheeler (144), Zig Ziglar (145), Lorene Workman (149), Mercelene Cox (150), John Mason (151), Fanuel Tjingaete (152), Dwight L. Moody (153), Malcolm Smith (154), Ernest Hemingway (158).

Introducción

¡El número uno de libros de mayor venta merece una secuencia! Nosotros en Editorial Unilit nos sentimos honrados de presentar *El librito de instrucciones de Dios II*. Igual que el librito anterior, éste es una colección inspirativa de citas y otros pasajes de las Escrituras que te motivarán a llevar una vida significativa, productiva y feliz. Algunos libros contienen citas y otros pasajes de las Escrituras, pero nosotros deseamos combinar ambas cosas para aportar no meramente la sabiduría del hombre, sino además la sabiduría de las edades —la Palabra de Dios.

Básico, práctico y lleno de la sabiduría de la Biblia que nunca pierde vigencia, este fascinante libro constituye un mapa que guía al éxito en el diario viaje de la vida. Nosotros los de Editorial Unilit, esperamos que tú aprenderás a atesorar *El librito de instrucciones de Dios II* tanto como lo has hecho con el original *El librito de instrucciones de Dios*.

La capacidad de decidir, no la casualidad, es lo que determina el destino del hombre.

He puesto ante ti la vida y la muerte, la bendición y la maldición. Escoge, pues, la vida para que vivas, tú y tu descendencia.

Deuteronomio 30:19

El mayor acto de fe es cuando el hombre decide que él no es Dios.

Sabed que Él, el señor, es Dios; Él nos hizo, y no nosotros a nosotros mismos; pueblo suyo somos y ovejas de su prado.

Salmo 100:3

El éxito debe ser medido no tanto por la posición que uno ha alcanzado en la vida sino por los obstáculos superados mientras tratabas de tener éxito.

Bienaventurado el hombre que persevera bajo la prueba, porque una vez que ha sido aprobado, recibirá la corona de la vida que el Señor ha prometido a los que le aman.

Santiago 1:12

Estar enojado por lo que no tienes es desperdiciar lo que tienes.

El Señor es mi pastor, nada me faltará.

Salmo 23:1

Un verdadero amigo nunca se entremete en tu camino a menos que estés sucumbiendo.

En todo tiempo ama el amigo, y el hermano nace para tiempo de angustia.

Proverbios 17:17

La risa es la escobilla que barre todas las telas de araña del corazón.

El corazón alegre es buena medicina, pero el espíritu quebrantado seca los huesos.

Proverbios 17:22

Muchos hombres piensan que tienen una mente abierta, cuando simplemente está vacante.

Digo a cada uno de vosotros que no piense más alto de sí que lo que debe pensar.

Romanos 12:3

El carácter no se forma en la crisis, sino sólo se muestra.

Al Señor he puesto continuamente delante de mí;
porque está a mi diestra, permaneceré firme.

Salmo 16:8

Tragarse las palabras de enojo antes de decirlas es mejor que comérselas después.

Con el fruto de su boca el hombre sacia su vientre, con el producto de sus labios se saciará. Muerte y vida están en poder de la lengua, y los que la aman comerán su fruto.

Proverbios 18:20,21

La felicidad es un perfume que tú no puedes verter sobre otros sin que caigan algunas gotas sobre ti.

Bienaventurados los que tienen hambre y sed de justicia, pues ellos serán saciados.

Mateo 5:6

**La sabiduría es la cualidad
que evita que te involucres
en situaciones donde
vas a necesitarla.**

*Por el camino de la sabiduría te he conducido, por sendas de rectitud
te he guiado. Cuando andes, tus pasos no serán obstruidos,
y si corres, no tropezarás.*

Proverbios 4:11,12

El rango no otorga privilegio o poder. Te impone responsabilidad.

*A todo el que se le haya dado mucho, mucho se demandará de él;
y al que mucho le han confiado, más le exigirán.*

Lucas 12:48b

Dios tiene un historial de usar lo insignificante para cumplir lo imposible.

Mirándolos Jesús, dijo: Para los hombres es imposible, pero no para Dios, porque todas las cosas son posibles para Dios.

Marcos 10:27

Puedes estar seguro de que la obra de Dios, hecha a la manera de Dios, nunca carecerá del suministro de Dios.

Si queréis y obedecéis, comeréis lo mejor de la tierra.

Isaías 1:19

No es la cantidad de horas que inviertes sino cómo las inviertes.

Y todo lo que hagáis, hacedlo de corazón, como para el Señor y no para los hombres. Es a Cristo el Señor a quien servís.

Colosenses 3:23,24

Un escéptico es una persona que
cuando ve lo que está
escrito a mano sobre la pared,
clama diciendo que es una
falsificación.

El necio ha dicho en su corazón: No hay Dios.

Salmo 14:1a

Hay dos cosas malas para el corazón: correr por las escaleras y pasar sobre la gente.

No salga de vuestra boca ninguna palabra mala, sino sólo la que sea buena para edificación, según la necesidad del momento, para que imparta gracia a los que escuchan.

Efesios 4:29

El problema con la mayoría de nosotros es que preferiríamos ser destruidos por la alabanza que ser salvados por la crítica.

El oído que escucha las reprensiones de la vida, morará entre los sabios. El que tiene en poco la disciplina se desprecia a sí mismo, mas el que escucha las reprensiones adquiere entendimiento.

Proverbios 15:31,32

La gente puede dudar de lo que tú dices, pero siempre creerán lo que haces.

Porque por el fruto se conoce el árbol.

Mateo 12:33b

Un profesional es alguien que puede hacer su mejor trabajo cuando no tiene ganas de hacerlo.

Y todo el que compite en los juegos se abstiene de todo.

I Corintios 9:25a

Para tener paz interior, renuncia como gerente general del universo.

Estad quietos, y sabed que yo soy Dios.

Salmo 46:10a

La mejor herencia que un padre puede dar a sus hijos es unos cuantos minutos de su tiempo cada día.

Por tanto, tened cuidado como andáis; no como insensatos, sino como sabios, aprovechando bien el tiempo...

Efesios 5:15,16

Nadie es inútil en este mundo si hace más liviana la carga de otros.

Así que, nosotros los que somos fuertes, debemos sobrellevar las flaquezas de los débiles y no agradarnos a nosotros mismos. Cada uno de nosotros agrade a su prójimo en lo que es bueno para su edificación.

Romanos 15:1,2

La ira es una piedra que se tira a un avispero.

No te apresures en tu espíritu a enojarte, porque el enojo se anida en el seno de los necios.

Eclesiastés 7:9

La sabiduría es la riqueza del sabio.

Porque mejor es la sabiduría que las joyas, y todas las cosas deseables no pueden compararse con ella.

Proverbios 8:11

Si quieres ser un líder con muchos seguidores, sólo obedece el límite de velocidad en una sinuosa carretera de dos vías.

Porque la noticia de vuestra obediencia se ha extendido a todos, por tanto, me regocijo por vosotros, pero quiero que seáis sabios para lo bueno e inocentes para lo malo.

Romanos 16:19

Las cosas urgentes rara vez son importantes. Las cosas importantes pocas veces son urgentes.

Todo hombre prudente obra con conocimiento.

Proverbios 13:16

La amabilidad es un lenguaje que el sordo puede oír y el ciego puede ver.

Porque grande es su misericordia para con nosotros,
y la verdad del Señor es eterna. ¡Aleluya!

Salmo 117:2

La gente se impresionará más por la profundidad de tu convicción que por lo elevado de tu lógica.

Hijo mío, no te olvides de mi enseñanza y tu corazón guarde mis mandamientos. Así hallarás favor y buena estimación ante los ojos de Dios y de los hombres.

Proverbios 3:1,4

La gente más desilusionada en el mundo es aquella que recibe lo que se les viene encima.

La insensatez del hombre pervierte su camino,
y su corazón se irrita contra el Señor.

Proverbios 19:3

La vida no da mayor responsabilidad, ni mayor privilegio, que la crianza de la siguiente generación.

*Y enseñadlas(las leyes de Dios) a vuestros hijos, hablando de
ellas cuando te sientes en tu casa y cuando andes por el camino,
cuando te acuestes y cuando te levantes.
Para que tus días y los días de tus hijos sean...*

Deuteronomio 11:19,21

Comprometerse es un buen paraguas pero no un buen techo; es un recurso provisional.

La integridad de los rectos los guiará, mas la perversidad de los pérfidos los destruirá.

Proverbios 11:3

La persona que se eleva en ira siempre hará un mal aterrizaje.

La discreción del hombre le hace lento para la ira, y su gloria es pasar por alto una ofensa.

Proverbios 19:11

La línea correcta de pensamiento puede llevarte a una mejor ubicación en la vida.

Pues como piensa dentro de sí, así es.

Proverbios 23:7a

La vida era más simple cuando honrábamos a papá y a mamá, más que a todas las tarjetas de crédito.

Hijos, obedeced a vuestros padres en el Señor, porque esto es justo. Honra a tu padre y a tu madre (que es el primer mandamiento con promesa), para que te vaya bien, y para que tengas larga vida sobre la tierra.

Efesios 6:1-3

La gente inteligente habla por experiencia —la gente más inteligente no habla.

Mas el que refrena sus labios es prudente.

Proverbios 10:19

Un ateo es un hombre que no tiene ningún medio invisible de apoyo.

El necio ha dicho en su corazón: No hay Dios.

Salmo 53:1a

Una media verdad es por lo general menos que la mitad de eso.

Los labios mentirosos son abominación al Señor, pero los que obran fielmente son su deleite.

Proverbios 12:22

Tengo como regla de deber cristiano nunca ir a un lugar donde mi Maestro no pueda ir conmigo.

No estéis unidos en yugo desigual con los incrédulos.... ¿O qué tiene en común un creyente con un incrédulo?

II Corintios 6:14,15b

Jesús puede cambiar el agua en
vino, pero no puede cambiar
tu quejido en algo.

Haced todas las cosas sin murmuraciones ni discusiones.

Filipenses 2:14

Los obstáculos son esas cosas amenazantes que ves cuando quitas tu vista de la meta.

Y Él dijo: Ven. Y descendiendo Pedro de la barca, caminó sobre las aguas, y fue hacia Jesús. Pero viendo la fuerza del viento tuvo miedo, y empezando a hundirse gritó, diciendo: ¡Señor, sálvame!
Y al instante Jesús, extendiendo la mano, lo sostuvo y le dijo:
Hombre de poca fe, ¿por qué dudaste?

Mateo 14:29-31

El precio de la grandeza es la responsabilidad.

Pero el mayor de vosotros será vuestro servidor.

Mateo 23:11

**Dedicar un poco de ti a cada cosa
significa comprometer mucho
de ti a nada.**

Todo lo que tu mano halle para hacer, hazlo según tus fuerzas...

Eclesiastés 9:10

Un diamante es un pedazo de carbón que trabajó bien bajo presión.

Tened por sumo gozo, hermanos míos, el que os halléis en diversas pruebas, sabiendo que la prueba de vuestra fe produce paciencia, y que la paciencia ha de tener su perfecto resultado, para que seáis perfectos y completos, sin que os falte nada.

Santiago 1:2-4

¡El hecho más pequeño es mejor que la más grande intención!

No amemos de palabra ni de lengua, sino de hecho y en verdad.

I Juan 3:18

La disciplina del deseo es la esencia del carácter.

Sino que golpeo mi cuerpo y lo hago mi esclavo, no sea que habiendo predicado a otros, yo mismo sea descalificado.

I Corintios 9:27

Puedes construir un trono con bayonetas, pero no puedes sentarte sobre él por mucho rato.

Tales son los caminos de todo el que se beneficia por la violencia:
que quita la vida de sus poseedores.

Proverbios 1:19

Tú no puedes llenar un cubo vacío con una fuente seca.

El que cree en mí, como ha dicho la Escritura:
"De lo más profundo de su ser brotarán ríos de agua viva".

Juan 7:38

Yo sufrí por muchas catástrofes en mi vida. La mayoría de ellas nunca sucedieron.

Porque no nos ha dado Dios espíritu de cobardía, sino de poder, de amor y de dominio propio.

II Timoteo 1:7

La felicidad es el resultado
de las circunstancias,
pero el gozo perdura a pesar de
las circunstancias.

*En tu presencia hay plenitud de gozo; en tu diestra,
deleites para siempre.*

Salmo 16:11

Una razón por la que el perro tiene tantos amigos:
Porque él menea su cola en vez de su lengua.

El hombre perverso provoca contiendas, y el chismoso separa a los mejores amigos.

Proverbios 16:28

Qué gran diferencia hay entre dar un consejo y dar una mano.

Hijos, no amemos de palabra ni de lengua,
sino de hecho y en verdad.

I Juan 3:18

El hombre que paga una onza de principios por una libra de popularidad es tremendamente engañado.

Porque amaban más el reconocimiento de los hombres que el reconocimiento de Dios.

Juan 12:43

El corazón no tiene un secreto que nuestra conducta no revele.

El hombre bueno de su buen tesoro saca cosas buenas; y el hombre malo de su mal tesoro saca cosas malas.

Mateo 12:35

A la culpa le interesa el pasado. A la preocupación le interesa el futuro. El contentamiento disfruta el presente.

No que hable porque tenga escasez, pues he aprendido a contentarme cualquiera que sea mi situción.

Filipenses 4:11

Algunas personas siempre se están quejando porque las rosas tienen espinas; yo estoy agradecido que las espinas tengan rosas.

Ofrece a Dios sacrificio de acción de gracias...

Salmo 50:14

La próxima vez que sientas ganas de quejarte, recuerda que probablemente tu basurero come mejor que treinta por ciento de la gente en este mundo.

Sea vuestro carácter sin avaricia, contentos con lo que tenéis...

Hebreos 13:5

A menudo nuestras conversaciones están en borradores —¡muchas correcciones son necesarias!

Porque todos tropezamos de muchas maneras. Si alguno no tropieza en lo que dice, es un hombre perfecto, capaz también de refrenar todo el cuerpo.

Santiago 3:2

Muchas de las sombras de esta vida son causadas por pararnos en nuestra propia luz.

El orgullo del hombre lo humillará, pero el de espíritu humilde obtendrá honores.

Proverbios 29:23

La muerte
no es un punto sino
una coma en la historia de la vida.

Jesús le dijo: Yo soy la resurrección y la vida;
el que cree en mí, aunque muera, vivirá.,
y todo el que vive y cree en mí, no morirá jamás.

Juan 11:25,26a

Conocer la voluntad de Dios es el conocimiento más grande, encontrar la voluntad de Dios es el mayor descubrimiento, y hacer la voluntad de Dios es el mayor logro.

Si alguno me sirve, que me siga; y donde yo estoy, allí también estará mi servidor; si alguno me sirve, el Padre lo honrará.

Juan 12:26

Las personas con tacto tienen menos de qué retractarse.

El corazón del justo medita cómo responder, mas la boca de los impíos habla lo malo.

Proverbios 15:28

Si el césped se ve más verde del otro lado de la cerca, puedes estar seguro de que el recibo del agua es más alto.

Sea vuestro carácter sin avaricia, contentos con lo que tenéis, porque Él mismo ha dicho: Nunca te dejaré ni te desampararé.

Hebreos 13:5

**Estar en paz contigo mismo
es resultado directo de haber
encontrado paz con Dios.**

*Y la paz de Dios, que sobrepasa todo entendimiento, guardará
Vuestros corazones y vuestras mentes en Cristo Jesús.*

Filipenses 4:7

Si tú quieres que un trabajo fácil parezca muy difícil, sólo continúa posponiéndolo.

¿Hasta cuando pospondréis el entrar a tomar posesión de la tierra, que el Dios de vuestros padres, os ha dado?

Josué 18:3

El amor ve a través de un telescopio no de un microscopio.

*El amor es paciente, es bondadoso ...
no toma en cuenta el mal recibido.*

I Corintios 13:4,5

La vida no es un problema para ser resuelto, sino un regalo para disfrutarlo.

Este es el día que el Señor ha hecho;
regocijémonos y alegrémonos en él.

Salmo 118:24

Mientras más viejo me hacía, menos atención le ponía a lo que los hombres decían. Sólo veía lo que hacían.

Muéstrame tu fe sin obras, y yo te mostraré mi fe por mis obras.

Santiago 2:18b

Algunas personas alcanzan la cima de la escalera del éxito sólo para darse cuenta de que están recostadas en la pared equivocada.

Pero buscad primero su reino y su justicia, y todas estas cosas os serán añadidas.

Mateo 6:33

La persona que valora más sus privilegios que sus principios, pronto perderá ambos.

*La justicia engrandece a la nación, pero el pecado
es afrenta para los pueblos.*

Proverbios 14:34

Una botella de ejemplos vale más que un barril lleno de consejos.

Hermanos, sed imitadores míos, y observad a los que andan según el ejemplo que tenéis en nosotros.

Filipenses 3:17

He observado que la mayoría de la gente avanza durante el tiempo que otros desperdician.

Los proyectos del diligente ciertamente son ventaja, mas todo el que se apresura, ciertamente llega a la pobreza.

Proverbios 21:5

El temor hace al lobo más grande que lo que es.

Aunque un ejército acampe contra mí, no temerá mi corazón; aunque en mi contra se levante guerra, a pesar de ello, estaré confiado.

Salmo 27:3

Cuidado de dejar tus huellas con sólo el talón en las arenas del tiempo.

La memoria del justo es bendita,
pero el nombre del impío se pudrirá.

Proverbios 10:7

La felicidad de cada país depende más del carácter de la gente, que de la forma de gobierno.

Bienaventurado el pueblo... cuyo Dios es el Señor.

Salmo 144:15

Cuando amamos nos damos cuenta de que es mejor hacer concesiones, que señalamientos.

*Sobre todo, sed fervientes en vuestro amor los unos por los otros,
pues el amor cubre multitud de pecados.*

I Pedro 4:8

Pararse en medio de la carretera es peligroso: Te tumbará el tránsito por ambos lados.

Yo conozco tus obras, que ni eres frío ni caliente,
te vomitaré de mi boca.

Apocalípsis 3:15

Si te hubieran dado un sobrenombre que describiera tu carácter, ¿te sentirías orgulloso de él?

Más vale el buen nombre que las muchas riquezas...

Proverbios 22:1

**Es fácil identificar a las personas
que no saben contar hasta diez.
Están frente a ti en el
supermercado en la línea rápida.**

Seáis pacientes con todos.

I Tesalonicenses 5:14

Tener tacto es el arte de hacer una crítica sin ganarse un enemigo.

Hay quien habla sin tino como golpes de espada,
pero la lengua de los sabios sana.

Proverbios 12:18

Ten cuidado de tus pensamientos:
Pueden convertirse en palabras en cualquier momento.

El corazón del sabio enseña a su boca

Proverbios 16:23

Fanático: Es una persona que se entusiasma con algo en lo cual no tiene ningún interés.

No seáis perezosos en lo que requiere diligencia;
fervientes en espíritu, sirviendo al señor.

Romanos 12:11

Es imposible para un hombre desesperarse cuando recuerda que su Ayudador es omnipotente.

Levantaré mis ojos a los montes; ¿de dónde vendrá mi socorro? Mi socorro viene del Señor.... El Señor te protegerá de todo mal; él guardará tu alma.

Salmo 121:1,2,7

El silencio
es uno de los argumentos
más difíciles de refutar.

El que guarda su boca y su lengua, guarda su alma de angustias.

Proverbios 21:23

Cualquiera
puede sostener el timón
cuando el mar está en calma.

Si eres débil en el día de angustia, tu fuerza es limitada.

Proverbios 24:10

**Aprendemos por experiencia.
Un hombre no despierta
a su segundo bebé sólo
para verlo sonreír.**

*Lo que también habéis aprendido y recibido y oído y visto en mí,
esto practicad, y el Dios de paz estará con vosotros.*

Filipenses 4:9

La mejor antigüedad es un viejo amigo.

No abandones a tu amigo ni al amigo de tu padre...
Mejor es un vecino cerca que un hermano lejos.

Proverbios 27:10

Ora como si todo dependiera
de Dios, y trabaja como si todo
dependiera del hombre.

La fe sin obras está muerta.

Santiago 2:26

Una cosa buena para recordar, una cosa mejor para hacer —trabajar con el grupo de construcción, no con el de demolición.

...cuando os reunís, cada uno aporte un salmo, enseñanza, revelación, lenguas o interpretación. Que todo se haga para edificación.

I Corintios 14:26

El dinero es un excelente sirviente, pero un terrible amo.

A los ricos en este mundo, enséñales que no sean altaneros ni pongan su esperanza en la incertidumbre de las riquezas, sino en Dios, el cual nos da abundantemente todas las cosas para que las disfrutemos.

I Timoteo 6:17

Si no puedes alimentar a cien personas, entonces sólo alimenta a una.

Así que entonces, hagamos bien a todos según tengamos oportunidad....

Gálatas 6:10

El problema con estirar la verdad es que se rebiente y nos golpee.

El testigo falso no quedará sin castigo,
y el que cuenta mentiras no escapará.

Proverbios 19:5

Los cumpleaños son un disfrute para ti. Las estadísticas muestran que las personas que más disfrutan son las que más tiempo viven

Enséñanos a contar de tal modo nuestros días,
que traigamos al corazón sabiduría.

Salmo 90:12

**El cielo sale por gracia, si saliera
por mérito, te quedarías afuera,
y tu perro entraría.**

Porque por gracia sois salvos

Efesios 2:8

Un ciego es mejor que aquel que pudiendo ver no quiere ver.

Pero dichosos vuestros ojos, porque ven y vuestros oídos porque oyen.

Mateo 13:16

Si las raíces son profundas y fuertes el árbol no tiene necesidad de preocuparse por el viento.

Bendito es el hombre que confía en el señor.... Será como árbol plantado junto al agua, que extiende sus raíces junto a la corriente; no temerá cuando venga el calor, y sus hojas estarán verdes; en un año de sequía no se angustiará ni cesará de dar fruto.

Jeremías 17:7,8

Los hombres ocasionalmente tropiezan con la verdad, pero la mayoría de ellos se levanta y sale corriendo como si nada hubiera pasado.

El oído que escucha las reprensiones de la vida, morará entre los sabios.

Proverbios 15:31

Es más fácil mantener el carácter que recuperarlo.

Antes, sé ejemplo de los creyentes en palabra, conducta, amor, fe y pureza.

I Timoteo 4:12

Las faltas son gruesas donde el amor es delgado.

*Sobre todo, sed fervientes en vuestro amor los unos por los otros,
pues el amor cubre multitud de pecados.*

I Pedro 4:8

La única manera de tener un amigo es siendo un amigo.

Pero hay amigo más unido que un hermano.

Proverbios 18:24

El mundo quiere lo mejor de ti, pero Dios te quiere todo.

*Amarás al Señor tu Dios con todo tu corazón,
y con toda tu alma, y con toda tu mente.*

Mateo 22:37

Una mirada retrospectiva explica el daño que pudo evitarse si se hubiera visto hacia adelante.

No la [sabiduría] abandones y ella velará por ti.... Cuando andes, tus pasos no serán destruidos, y si corres, no tropezarás.

Proverbios 4:6,12

La grandeza no recae en ser fuerte, sino en el uso correcto de la fuerza.

Fortaleceos en el Señor y en el poder de su fuerza.

Efesios 6:10

No hagas en la oscuridad de la noche lo que no te atreves a hacer a plena luz del día.

La noche está muy avanzada, y el día está cerca. Por tanto,
desechemos las obras de las tinieblas
y vistámonos con las armas de la luz.

Romanos 13:12

Si el silencio es dorado, pocas personas pueden ser arrestadas por atesorarlo.

En las muchas palabras, la transgresión es inevitable,
mas el que refrena sus labios es prudente.

Proverbios 10:19

La personalidad tiene el poder de abrir puertas, pero el carácter las mantiene abiertas.

El justo nunca será conmovido...

Proverbios 10:30

La autoridad sin sabiduría es
como un hacha pesada sin filo,
más apta para magullar
que para pulir.

Al príncipe que es gran opresor le falta entendimiento...

Proverbios 28:16

Sólo cuando nos arrodillamos ante Dios, es que podemos estar de pie delante de los hombres.

Humillaos, pues, bajo la poderosa mano de Dios, para que él os exalte a su debido tiempo.

I Pedro 5:6

Por la perseverancia
el caracol llegó al Arca.

Y corramos con paciencia la carrera que tenemos por delante.

Hebreos 12:1

El peor momento para un ateo
es cuando realmente está
agradecido y no tiene a nadie a
quien agradecérselo.

El necio ha dicho en su corazón: No hay Dios.

Salmo 53:1a

Es posible ser demasiado grande
para que Dios te use, pero nunca
demasiado pequeño para que
Dios te use.

El orgullo del hombre lo humillará, pero el de espíritu
humilde obtendrá honores.

Proverbios 29:23

La bondad engendra bondad.

El hombre misericordioso se hace bien a sí mismo,
pero el cruel a sí mismo se hace daño.

Proverbios 11:17

La honestidad es el primer capítulo del libro de la sabiduría.

Respetad lo bueno delante de todos los hombres.

Romanos 12:17b

Algunas mentes son como el concreto terminado —permanentemente mezclado y endurecido.

Por la soberbia sólo viene la contienda, mas con los que reciben consejos está la sabiduría.

Proverbios 13:10

No son los misiles teledirigidos, sino la moral dirigida la que es nuestra más grande necesidad hoy día.

El que anda en integridad anda seguro...

Proverbios 10:9

La primera regla de los hoyos: Cuando estás en uno deja de excavar.

Me sacó del hoyo de la destrucción ... asentó mis pies sobre una roca y afirmó mis pasos. Puso en mi boca un cántico nuevo, un canto de alabanza a nuestro Dios.

Salmo 40:2,3

Hechos no piedras,
son los verdaderos monumentos
de los grandes.

Así brille vuestra luz delante de los hombres, para que vean vuestras buenas acciones y glorifíquen a vuestro Padre que está en los cielos.

Mateo 5:16

Dios siempre da lo mejor de sí a aquellos que dejan que Él escoja.

Bendito sea el Señor, que cada día lleva nuestra carga el Dios que es nuestra salvación.

Salmo 68:19

Un cristiano debe mantener la fe, pero no para sí mismo.

Id por todo el mundo y predicad el evangelio a toda criatura.

Marcos 16:15

Muchas personas confunden una corta memoria con una conciencia limpia.

Por esto, yo también me esfuerzo por conservar siempre una conciencia irreprensible delante de Dios y delante de los hombres.

Hechos 24:16

La fe no es creer sin pruebas, sino confiar sin reservas.

Porque yo sé en quién he creído, y estoy convencido de que es poderoso para guardar mi depósito hasta aquel día.

2 Timoteo 1:12

Siempre sabes quién es tu verdadero amigo: Cuando haces el ridículo, él no siente que has hecho un trabajo permanente.

El que cubre una falta busca afecto, pero el que repite el asunto separa a los mejores amigos.

Proverbios 17:9

Un día cosido en oración
es menos propenso
a deshilacharse.

*Antes bien, en todo, mediante oración y súplica
con acción de gracias, sean dadas a conocer vuestras peticiones
delante de Dios. Y la paz de Dios, que sobrepasa todo
entendimiento, guardará vuestros corazones
y vuestras mentes en Cristo Jesús.*

Filipenses 4:6,7

Coloca en medio de dos rodajas de oración cada pedazo de crítica.

Redarguye, reprende, exhorta con mucha paciencia e instrucción.

2 Timoteo 4:2

Cuando huyas de la tentación no dejes la dirección del remitente.

Huye, pues, de las pasiones juveniles y sigue la justicia, la fe, el amor y la paz, con los que invocan al Señor con un corazón puro.

2 Timoteo 2:22

Aquel que proveyó para esta vida, pero no cuida de la eternidad, es sabio por un momento, pero un tonto para siempre.

Pues, ¿qué provecho obtendrá un hombre si gana el mundo entero, pero pierde su alma? O ¿qué dará un hombre a cambio de su alma?

Mateo 16:26

La moralidad puede mantenerte fuera de la cárcel, pero se necesita la sangre de Jesucristo para mantenerte fuera del infierno.

En Él tenemos redención mediante su sangre,
el perdón de nuestros pecados....

Efesios 1:7

El coraje es contagioso. Cuando un hombre valiente toma una postura firme, la columna vertebral de los demás se endurece.

Permaneced firmes en la fe, portaos varonilmente, sed fuertes.

1 Corintios 16:13

Una coincidencia es un milagro pequeño donde Dios prefiere permanecer en el anonimato.

¿Quién puede relatar los poderosos hechos del Señor,
o expresar toda su alabanza?

Salmo 106:2

**Algunas veces es mejor mantener
la boca cerrada y dejar que
la gente se pregunte si tú eres un
tonto antes que abrir la boca
y eliminar toda duda.**

*Aun el necio cuando calla, es tenido por sabio, cuando
cierra los labios, por prudente.*

Proverbios 17:28

No pongas tu confianza en el dinero, mejor pon tu dinero en fideicomiso.

El que confía en sus riquezas, caerá, pero los justos prosperarán como la hoja verde.

Proverbios 11:28

El hombre que canta
sus propias alabanzas siempre se equivoca de tono.

Que te alabe el extraño, y no tu boca;
el forastero y no tus labios.

Proverbios 27:2

Algunas veces el Señor calma la tormenta; otras Él deja que la tormenta se enfurezca y calma a su hijo.

Y la paz de Dios, que sobrepasa todo entendimiento, guardará vuestros corazones y vuestras mentes en Cristo Jesús.

Filipenses 4:7

Cúlpate a ti mismo
como culpas a otros;
excusa a otros
como te excusarías a ti mismo.

Por eso, todo cuanto queráis que os hagan los hombres,
así también haced vosotros con ellos....

Mateo 7:12

El pasado
debería ser un trampolín,
no una hamaca.

Pero una cosa hago: olvidando lo que queda atrás
y extendiéndome a lo que está adelante.

Filipenses 3:13

Motivación es, cuando tus sueños se ponen ropa de trabajo.

*Y todo lo que hagáis, hacedlo de corazón, como para el Señor
y no para los hombre.*

Colosenses 3:23

La maestra le pidió a los alumn[os] dijeran el significado de amoros[a]. un niñito saltó y dijo: "Bueno, si yo tuviera hambre y a[lguien] diera un pedazo de pan eso sería bon[dad]. Pero si le pusieran un poquito de jamón, eso sería bondad amorosa".

Bendice, alma mía, al Señor ... el que te corona con bondad y compasión; el que colma de bienes tus años...

Salmo 103:1,4,5

Nuestra fe debería ser nuestro volante no nuestra llanta de repuesto.

Mas el justo por su fe vivirá.

Habacuc 2:4

Algunos te pueden detener temporalmente, tú eres el único que puedes hacerlo permanentemente.

*¿No sabéis que los que corren en el estadio,
todos en verdad corren, pero sólo uno obtiene el premio?
Corred de tal modo que ganéis.*

1 Corintios 9:24

Saber y no hacer es igual que no saber nada.

Aquel, pues, que sabe hacer lo bueno y no lo hace, le es pecado.

Santiago 4:17

Considera la tortuga, llega a hacer algo sólo cuando saca la cabeza.

Respondiéndole Pedro, dijo: Señor, si eres tú, mándame que vaya a ti sobre las aguas. Y Él dijo: Ven. Y descendió Pedro de la barca, caminó sobre las aguas, y fue hacia Jesús.

Mateo 14:28,29

No puedes actuar como un zorrillo sin que a alguien le llegue el olor.

El hombre bueno de su buen tesoro saca cosas buenas; y el hombre malo de su mal tesoro saca cosas malas.

Mateo 12:35

Ningún hombre conoce su verdadero carácter hasta que se queda sin gasolina, compra algo a plazos o cría a un adolescente.

Tened por sumo gozo, hermanos míos, el que os halléis en diversas pruebas, sabiendo que la prueba de vuestra fe produce paciencia.

Santiago 1:2,3

La risa es un tranquilizante sin efectos secundarios.

El corazón alegre es buena medicina

Proverbios 17:22

No es la perspectiva sino "el mirar hacia arriba" lo que cuenta.

He aquí, como lo ojos de los siervos miran a la mano de su señor,
como los ojos de la sierva a la mano de su señora,
así nuestros ojos miran al Señor nuestro Dios....

Salmo 123:2

Un ganador se compromete, un perdedor promete.

Señor, ¿quién habitará en tu tabernáculo?
El que anda en integridad ... el que aun jurando
en perjuicio propio, no cambia.

Salmo 15:1a,2,4

Se dice que las palabras de
despedida de Moody en su lecho
de muerte a sus hijos fueron:
"Si Dios es tu socio, planifica
en grande".

Todo lo puedo en Cristo que me fortalece.

Filipenses 4:13

La fe no hace que algo suceda, ¡la fe descansa en algo que ha sucedido!

En Dios solamente espera en silencio mi alma; de Él viene mi salvación.

Salmo 62:1

Dios nunca pregunta por nuestra habilidad ni por nuestra inhabilidad, únicamente por nuestra disponibilidad.

Y oí la voz del Señor que decía: ¿A quién enviaré, y quién irá por nosotros? Entonces respondí: Heme aquí; envíame a mí.

Isaías 6:8

**Siempre que el hombre está listo
para descubrir sus pecados,
Dios siempre está listo
para cubrirlos.**

*El que encubre sus pecados no prosperará, mas el que los confieza y
los abandona hallará misericordia.*

Proverbios 28:13

Recuerda:
El majestuoso roble
una vez fue una semilla
en la tierra.

Aunque tu principio haya sido insignificante, con todo,
tu final aumentará sobremanera.

Job 8:7

Lo que es moral
es lo que te hace sentir bien
después.

Bienaventurados los de limpio corazón,
pues ellos verán a Dios.

Mateo 5:8

Si te diriges en la dirección equivocada, Dios permite que vires en dirección opuesta.

...Si vuelves, yo te restauraré, en mí presencia estarás...

Jeremías 15:19

Otros títulos en la serie

*Los libritos de instrucciones de Dios están disponibles
en las librerías de tu localidad.*

498344 —El librito de instrucciones de Dios I
498345 —El librito de instrucciones de Dios para mamá
498346 —El librito de instrucciones de Dios para niños
498347 —El librito de instrucciones de Dios II